GAUDÊNCIO FRIGOTTO

Um intelectual crítico nos pequenos
e nos grandes embates

PERFIS DA EDUCAÇÃO

Organização e Introdução
Maria Ciavatta

Textos selecionados de
Gaudêncio Frigotto

GAUDÊNCIO FRIGOTTO
Um intelectual crítico nos pequenos
e nos grandes embates

autêntica

Copyright © 2012 Gaudêncio Frigotto e Maria Ciavatta
Copyright © 2012 Autêntica Editora

COORDENADOR DA COLEÇÃO PERFIS DA EDUCAÇÃO
Luciano Mendes de Faria Filho

CAPA
Alberto Bittencourt

REVISÃO
Ana Carolina Lins

PROJETO GRÁFICO
Tales Leon de Marco

EDITORAÇÃO ELETRÔNICA
Christiane Morais

EDITORA RESPONSÁVEL
Rejane Dias

Revisado conforme o Acordo Ortográfico da Língua Portuguesa de 1990, em vigor no Brasil desde janeiro de 2009.

Todos os direitos reservados pela Autêntica Editora. Nenhuma parte desta publicação poderá ser reproduzida, seja por meios mecânicos, eletrônicos, seja via cópia xerográfica, sem a autorização prévia da Editora.

AUTÊNTICA EDITORA LTDA.

Belo Horizonte
Rua Aimorés, 981, 8º andar
Funcionários . 30140-071
Belo Horizonte . MG
Tel.: (55 31) 3214 5700
Televendas: 0800 283 13 22
www.autenticaeditora.com.br

São Paulo
Av. Paulista, 2073, Conjunto Nacional, Horsa I,
11º andar, Conj. 1101
Cerqueira César . 01311-940 . São Paulo . SP
Tel.: (55 11) 3034 4468

Dados Internacionais de Catalogação na Publicação (CIP)
(Câmara Brasileira do Livro, SP, Brasil)

Gaudêncio Frigotto : um intelectual crítico nos pequenos e nos grandes embates / Maria Ciavatta , (Org.). -- Belo Horizonte : Autêntica Editora, 2012. -- (Coleção Perfis da Educação, 6)

Vários autores.
Bibliografia.
ISBN 978-85-8217-070-0

1. Educação - Brasil 2. Educadores - Brasil 3. Frigotto, Gaudêncio I. Ciavatta, Maria. II. Série.

12-11987   CDD-370.92

Índices para catálogo sistemático:
1. Brasil : Educadores 370.92

E fixei os olhos, e continuei a ver as idades, que vinham chegando e passando, já então tranquilo e resoluto, não sei se até alegre. Talvez alegre. Cada século trazia a sua porção de sombra e luz, de apatia e de combate, de verdade e de erro, e o seu cortejo de sistemas, de ideias novas, de novas ilusões; em cada um deles rebentavam as verduras de uma primavera, e amadureciam depois, para remoçar mais tarde.

(Machado de Assis, cap. VII de *Memórias póstumas de Brás Cubas*)

Sumário

9 **Cronologia**

11 **Introdução**
Sujeito e estrutura na apresentação de um intelectual crítico

25 **Entrevista**
O professor visto de perto

Textos selecionados

Parte 1: A teoria para pensar a ação política na sociedade

59 Exclusão e/ou desigualdade social? Questões teóricas e político--práticas

77 A polissemia da categoria trabalho e a batalha das ideias nas sociedades de classe

117 Os circuitos da história e o balanço da educação no Brasil na primeira década do século XXI

Parte 2: Dimensões epistemológicas do conhecimento

141 A interdisciplinaridade como necessidade e como problema nas ciências sociais

159 O enfoque da dialética materialista histórica na pesquisa educacional

177 Fazendo pelas mãos a cabeça do trabalhador: o trabalho como elemento pedagógico na formação profissional

Parte 3: Textos de opinião

193 Os "homens de negócio" e a política educacional do MEC na década de 1990

197 Ensino médio e educação profissional: a ruptura com o dualismo estrutural

205 **Produção bibliográfica**

Cronologia

Período	Atividade
12 fev. 1947	Gaudêncio Frigotto nasce em Antônio Prado, uma pequena cidade do interior do Rio Grande do Sul, filho de Miguel Domingos Frigotto e Irma Dal Bosco Frigotto.
1954-1958	Aos 7 anos de idade, inicia o ensino primário na Escola Rural Unidocente Borba Gato, em Paim Filho, RS, escola que naquele ano tornou-se parte do projeto do Governo Brizola de municipalizar as escolas, chamadas, então, de "Brizoletas".
1959-1966	Aos 12 anos, ingressa no Seminário Menor dos Frades Capuchinhos em Vila Flores, hoje município e, na época, distrito de Veranópolis.
1967-1971	Em 1968 sai do Seminário e inicia o curso de Filosofia na atual Universidade de Ijuí, RS (antiga FIDENE – Fundação de Integração e Desenvolvimento do Noroeste do Estado).
1971-1972	Completa o curso de Pedagogia na mesma instituição.
1972-1977	Atua como professor assistente na FIDENE, onde exerce por dois anos a vice-direção da Faculdade de Filosofia, Ciências e Letras (FAFI).
1974	Casa-se com Edith Ione dos Santos Frigotto.
1974-1977	Cursa o Mestrado em Educação – Administração de Sistemas Educacionais no Instituto de Estudos Avançados em Educação da Fundação Getulio Vargas (IESAE/FGV) no Rio de Janeiro.
1976-1977	Participa como aluno das reuniões preparatórias para a criação da Associação Nacional de Pós-Graduação e Pesquisa em Educação (ANPEd).

1977-1983	Por concurso interno é contratado pelo IESAE para coordenar cursos de especialização de "Formação de Professores de Áreas Técnicas ou Liberais" (Medicina, Direito, Psicologia e outras) para complementar a formação didático-pedagógica e gerenciar cursos para formar professores engenheiros de cursos de Engenharia de Operação.
1978	Passa a fazer parte do quadro de professores de Mestrado em Educação em Administração de Sistemas Educacionais e começa a trabalhar como pesquisador do IESAE em convênio com ECIEL (Programa de Estudios Conjuntos de Educación en América Latina)
1978, 1981 e 1985	Nascem, respectivamente, as filhas Giovana, Larissa e Alexandra.
Agosto de 1979 a julho de 1983	Faz o curso de Doutorado em Educação na Pontifícia Universidade Católica de São Paulo (PUC-SP), sendo orientado pelo Prof. Dermeval Saviani.
1984-2003	É contratado, inicialmente, como professor visitante da Faculdade de Educação da Universidade Federal Fluminense (UFF), atuando na graduação, no Mestrado em Educação e na criação do Doutorado em Educação.
1994	Faz concurso para professor titular em Economia Política da Educação na UFF, onde permanece até se aposentar em 2003.
2003	É contratado professor visitante da Faculdade de Educação da Universidade do Estado do Rio de Janeiro (UERJ).
2005	Participa da criação do Programa Interdisciplinar de Pós-Graduação em Políticas Públicas e Formação Humana (UERJ).
2006	Faz concurso para professor adjunto na Faculdade de Educação da UERJ. No mesmo ano, passa para o quadro permanente do PPFH, onde atua até o presente
2010 e 2011	Nascem, respectivamente, as netas Letícia e Maria Eduarda.

Introdução ■

Sujeito e estrutura na apresentação de um intelectual crítico

Maria Ciavatta

A entrevista realizada com Gaudêncio Frigotto tem a intenção de revelar traços da identidade do "professor visto de perto" a partir de sua trajetória de vida. Não se trata nem mesmo de uma síntese de biografia, mas apenas de traços de um perfil como quer a coleção Perfis da Educação.

Perfil são traços de identidade, o contorno de um rosto visto de um de seus lados, no caso, um profissional da educação, intelectual docente crítico e militante dentro das condições de vida que lhe foram dadas pela sua história: "os homens não fazem a história como querem, mas nas condições que lhes foram dadas" (MARX, 1980). A ação profissional e a ação política são marcantes em sua caminhada de vida e nos textos selecionados.

Um perfil guarda sempre os traços do ponto de vista de quem o desenha. E aqui o fizemos singelarmente, pela palavra e pela imagem fotográfica, buscando resgatar a história do homem professor pesquisador.

Entramos aqui no terreno da história, das "ideias arriscadas", no dizer do historiador Eurelino Coelho (2010), que é o debate sobre o método em história, ou o debate epistemológico e teórico-metodológico que não está muito em moda entre os historiadores. O que orienta a atenção dos estudiosos são "as práticas e experiências plurais de construção do saber histórico, escritas da história" (COELHO, 2010, p. 7). Não estamos alheios às práticas nem às experiências do professor entrevistado, mas o sentido histórico que damos aos fatos narrados insere-se nas dimensões da realidade social, do tempo e espaço de suas vivências.

Orientados pelas reflexões do autor (COELHO, 2010) e de outros historiadores (a exemplo de CARDOSO, C., 2005; VILAR, 1987; FONTANA, 2004; FONTES, 2001), entendemos que as características do objeto da história impõem questões de método que buscam responder à questão epistemológica da verdade passível de ser reconstruída ao nível do pensamento. Trata-se de "pensar a história como a dialética entre a ação dos sujeitos históricos (que fazem a história) e as condições dadas em que tais sujeitos têm que agir (que eles não escolhem)" (COELHO, 2010, p. 8).

Tradicionalmente, a história ocupou-se dos grandes feitos, dos grandes homens, daqueles que, por terem uma representatividade para os povos e as nações, perpetuaram uma memória de relatos consagrados ao longo do tempo. Para Marx (1979) a história é a produção social da existência. Essa afirmação, aparentemente singela, representa uma revolução na forma de compreender e escrever a história. A história somos nós, somos todos aqueles que vivemos e produzimos e nos reproduzimos como homens e mulheres comuns, mas todos com histórias de vida, de lugares, de acontecimentos que são legados às novas gerações.

Uma reflexão correlata é posta por Labastida (1983): "a história como processo e a história como método". A história como produção social da existência é a história como processo de vida que envolve a totalidade social dos fatos que constituem a existência humana. A história como método é a reconstrução ao nível do pensamento desses mesmos fatos, ou, nos termos de Marx (1977), o real como "a síntese de múltiplas determinações".

Coelho (2010) inicia sua exposição por dois problemas clássicos da história, singularidade e subjetividade: "Somente um acontecimento que possui história própria (que o fez acontecer do modo que aconteceu e não de outro modo) pode ser tomado como objeto da História" (p. 8). Somos singulares, únicos na nossa forma de ser, na nossa história de vida. A impossibilidade de repetir os fenômenos sociais distingue de forma irrecorrível as ciências sociais e a pesquisa experimental. A pesquisa experimental, quantitativa, tem por base o tratamento dos dados, entendidos como fenômenos singulares, reduzidos a uma homogeneidade que não existe no caso da pesquisa social porque os fenômenos sociais não são passíveis de reprodução experimental. Nisso está a singularidade da história que, nos termos do século XIX, restringiu a singularidade aos feitos dos "grandes" homens ou aos "grandes" feitos, acontecimentos significativos, principalmente, em termos de poder político.

Quanto à subjetividade, ela diz respeito à história que é sempre protagonizada "por sujeitos distintos, também irrepetíveis". Para o autor, somente "mediante a arbitrariedade metodológica se pode desconsiderar a evidência da singularidade dos sujeitos" (COELHO, 2010, p. 8). Diríamos, a presença dos sujeitos que fazem a história. Ao comemorar 100 anos de existência, em 1993, "a história somos nós" foi o lema adotado pelo mais importante sindicato italiano de trabalhadores.

O risco paralelo à consideração do sujeito e da subjetividade, como inerente à história, é resumi-la ao sujeito, independente da sociedade de que ele faz parte, como fazem alguns estudos culturais que limitam o objeto histórico aos objetos empíricos, de natureza quantitativa ou qualitativa; ou aos documentos, ou à sua representação, senão ao discurso construído por quem lê a história (a exemplo de alguns estudos de Roger Chartier). Ou ainda, fazer a equivalência do discurso histórico ao literário e confiná-lo à subjetividade do narrador ou à verdade histórica equivalente à ficção da literatura (a exemplo de WHITE, 1995).

A recusa aos sistemas explicativos, própria ao pensamento pós-moderno, também encontra apoio na recusa "aos modelos generalizantes" ou "sociológicos" de explicação. Mas, nesta bem-intencionada orientação, "por exemplo, as pesquisas passam a priorizar o *escravo* como sujeito em detrimento da *escravidão* como sistema, ou a *identidade* em detrimento das *relações sociais*" (COELHO, 2010, p. 8, grifos do autor). Seria como, no delineamento do perfil de Gaudêncio Frigotto, desconhecermos sua origem familiar de agricultores imigrantes, italianos, a vida no interior gaúcho, a formação filosófica social cristã e, depois, marxista e as condições de vida e de trabalho que o levaram a se tornar um importante educador e intelectual crítico de nosso tempo.

Outro aspecto de interesse histórico na vida do intelectual focalizado é sua educação e o trabalho. Excetuando-se os povos primitivos, que têm no cultivo para a sobrevivência e na cultura, que organiza seus grupos étnicos ou tribais, no Ocidente europeu e no Oriente, na América Latina, no Brasil, o domínio das letras, das artes, da filosofia, em resumo, das humanidades e da "ciência", destinava-se às elites, aos nobres, às autoridades religiosas. Estes eram repassados aos filhos dos detentores do poder para organizarem as sociedades e comandarem a produção e a distribuição de bens necessários para manter a vida.

Aos trabalhadores que serviam aos senhores com sua força e sua lealdade, deviam bastar os conhecimentos úteis à agricultura, ao artesanato, aos ofícios ou aos serviços. Vemos assim que o conjunto de conhecimentos informais ou sistematizados na organização escolar teve em vista algum tipo de aprendizado ligado ao poder de mando e ao trabalho. O currículo escolar constituiu-se, portanto, na dependência do lugar que homens e mulheres ocupam na sociedade, e a seleção dos conteúdos se fez a partir da importância desses conhecimentos para o exercício das funções sociais desempenhadas pelas diversas classes e grupos sociais, em suma, pelo trabalho.

Gaudêncio cresceu no campo, em uma comunidade rural. Embora fosse neto do homem mais instruído do local e que se tornou o professor da escola, o menino Gaudêncio se criou conhecendo o rude trabalho do campo. Na entrevista que se encontra neste livro, ele expõe suas raízes:

> Primeiramente, a socialização primária como o menino do campo numa situação, digamos assim, de pequenos agricultores, onde se produz a minha infância de zero ano aos 12 anos. Mas nunca me desliguei do campo; tanto que hoje, por exemplo, a identidade que eu tenho com o MST [Movimento dos Trabalhadores Rurais Sem Terra], essa identidade tem a face dessa socialização primária onde a terra era o problema. [...] A segunda [marca] é, exatamente, a possibilidade de, no fim dos anos 1950, um filho de pequeno agricultor, minifundiário, poder seguir a vida

escolar. Aí, então, entra a minha vida de internato num seminário dos Frades Capuchinhos,[1] onde passei, sete anos [...]. (CIAVATTA, 2012, p. 13).

A recusa na consideração dos sistemas e dos sujeitos inseridos na estrutura social revela outra dificuldade na construção do objeto histórico, a política que é parte da vida social. Na aceitação da estrutura social, "a ideia do protagonismo dos sujeitos cede passagem à problemática do assujeitamento, as estruturas saltam para o centro da explicação histórica" (COELHO, 2010, p. 8). Nos dias de hoje, imersos na bem-sucedida sociedade capitalista (dos ricos), depois da *débâcle* do sistema socialista na antiga URSS em 1989, nada mais contraditório do que a perspectiva marxista de análise, tanto para a reconstrução histórica da realidade como para a atuação política com vistas à transformação da sociedade capitalista (dos pobres) em que vivemos no Brasil e em muitas partes do mundo.

Gaudêncio retira da vida intelectual, que a escolaridade progressiva lhe proporciona, os elementos de compreensão e de atuação nas políticas educacionais e com os movimentos sociais. Sua ida a uma escola de rígida formação intelectual e moral e, na juventude, a saída dessa instituição para uma faculdade de filosofia, com inserção nos movimentos sociais e na resistência à Ditadura dos anos 1964 a 1985, deram-lhe a perspectiva das lutas sociais pela democracia e pela transformação da sociedade.

A investigação das relações estabelecidas pelos sujeitos situados nas estruturas a que pertencem supõe superar a aparência, a visão abstrata (no sentido de abstraída) dos fenômenos da totalidade social de que são partes indissociáveis, salvo pelo desconhecimento ou recusa metodológica de assim considerá-los na análise da realidade. Para Coelho (2010) seria tomar o fenômeno como autodeterminado. No campo do trabalho e da educação, das políticas públicas, que constituem o campo de pesquisa de Frigotto, "a verdade do salário não é ser ele renda do trabalho, mas sim ser a forma pela qual o trabalho é explorado em sua relação com o capital"(p. 8). É nessa relação que não se revela na aparência do campo empírico que o trabalho se torna um fenômeno histórico (COELHO, 2010), parte de uma totalidade social, o sistema capitalista.

Duas outras questões de método estão imbricadas na apresentação do perfil deste educador. A primeira é o conceito de totalidade social. A segunda é a concepção dos tempos múltiplos de Braudel (1992). O termo "totalidade", além da concepção sistêmica que traz consigo, apresenta uma dificuldade semântica de origem histórica, tem a mesma raiz de *totalitarismo* e, fora do contexto teórico a que pertence, alguns rejeitam por entender que se confunde com *tudo*.

---

[1] Seminário Menor dos Frades Capuchinhos em Vila Flores, RS (1959 a 1966). Pela tradição europeia, fora destinado a formar quadros dirigentes, razão pela qual se empenhavam em uma formação sólida.

No sentido de totalidade social dialética, na filosofia política marxista, o termo não guarda nenhum dos dois significados. Totalidade não é tudo, porque se fosse não teria valor discriminativo e conceitual para a análise dos fenômenos, não poderia ser uma categoria epistemológica. Nos termos da *Contribuição à crítica da economia política* (MARX, 1977), o real concreto é a "síntese de múltiplas determinações" quando a aparência do fenômeno é desvelada na sua essência, naquilo que o constitui como totalidade social de relações articuladas, processos sociais complexos ou mediações históricas (CIAVATTA, 2001). Todavia, a totalidade não é um todo estruturado fechado, mas um conjunto de relações abertas ao movimento da vida, da história, das contínuas transformações da realidade. Zemelman (1982) fala em totalidades abertas às novas determinações, sob a ação dos sujeitos sociais.

Não obstante as dificuldades operacionais na pesquisa social, o conceito de totalidade social também permite pensar os tempos múltiplos da análise de Braudel (1992): a longa duração do capitalismo (da geoistória econômica do mediterrâneo); a média duração da conjuntura e o tempo breve dos acontecimentos. O tempo é um fenômeno inefável, exceto pelo conhecimento das mediações da realidade em movimento, em contínua transformação.

A concepção de tempos múltiplos faz apelo à simultaneidade em que os fenômenos ocorrem, em que as coisas, aparentemente, se superpõem umas às outras. Essa multiplicidade de ocorrências no tempo e no espaço, ou do tempo como movimento no espaço, contrasta com a percepção cronológica, sequencial, que temos do tempo e da vida humana, da natureza que lhe é intrínseca. A "Cronologia" mostra as etapas de vida, de formação e de trabalho de Frigotto (em anexo). Mas a vida ocorre na simultaneidade de muitas temporalidades.

A longa duração do capitalismo deu-lhe a percepção de como se produz a existência humana no trabalho duro no campo, a disputa pela propriedade da terra e a exploração do trabalho assalariado no campo e na cidade. Essa percepção tomou corpo nos estudos de filosofia e na política de apoio a militantes que lutavam contra a Ditadura (1964-1985).

Novas temporalidades ou novas conjunturas tomam forma no casamento com Edith e a ida ao Rio de Janeiro para cursar o mestrado em Educação. A vida pessoal e a vida profissional são simultâneas ao longo tempo do capitalismo. Este se revela no ambiente intelectual estimulante, mas também no conservadorismo institucional da Fundação Getulio Vargas, permeado por brechas do pensamento dialético de um Durmeval Trigueiro Mendes, professor cassado do Conselho Nacional de Educação pela Ditadura.

A acolhida acadêmica e militante de Julieta Maria Calazans deu-lhe a oportunidade de conhecer o país, dando aulas a professores de cursos técnicos nos mais diversos lugares do Brasil, além da introdução na atividade docente da pós-graduação. Esta se aprofunda progressivamente em nova e significativa conjuntura, o doutorado, nos anos 1980, sob a coordenação de Dermeval Saviani, na PUC de São Paulo. Mais tarde, toma forma no trabalho em universidades públicas e nos vínculos com os movimentos sociais de luta redemocratização política do país.

Entre outros acontecimentos da vida profissional e da vida pessoal, os tempos breves de que fala Braudel, são momentos marcantes do período a publicação dos livros de sua tese de doutorado (FRIGOTTO, 1995) e a de professor titular de Economia Política da Educação (FRIGOTTO, 2002); a intensa atividade na criação do doutorado em Educação da Universidade Federal Fluminense (UFF) e do doutorado em Políticas Públicas e Formação Humana na Universidade do Estado do Rio de Janeiro (UERJ); a atuação na base de elaboração de políticas educacionais na primeira fase do Partido dos Trabalhadores; o nascimento de suas filhas Giovana, Larissa e Alexandra (de 1978 a 1985) e, mais recentemente, o nascimento das netas Letícia e Maria Eduarda (2010 e 2011).

O tratamento das fontes é outro problema a ter-se atenção quando se pretende uma abordagem histórica de um tema ou acontecimento. Coelho (2010) alerta que a existência de fontes não pode liberar o pesquisador de problematizar o objeto, limitando-se a transcrever os documentos em forma narrativa. Este livro se fundamenta em três tipos de documentos: a entrevista semiestruturada com Frigotto, acompanhada da cronologia; as fotografias de seu acervo familiar e os textos (artigos e capítulos de livros) selecionados entre a vasta produção acadêmico-científica do autor.

A entrevista decorreu em situação interativa, segundo as perguntas que lhe fizemos e os rumos da memória do entrevistado, mas não no curso livre e inteiramente subjetivo de uma narrativa de história de vida. No entanto, a subjetividade do narrador deve ser considerada nas ênfases dadas aos fatos, na importância pessoal, subjetiva dos momentos destacados. Do ponto de vista de sua objetividade, trazemos o confronto do conhecimento que temos do autor, como colega de trabalho docente há quase três décadas, e o conhecimento de sua obra da qual selecionamos, de comum acordo, os textos reproduzidos nesta obra.

Falamos em subjetividade e em objetividade e devemos explicitar, minimamente, como tratamos esse complexo problema epistemológico que é, também, metodológico, porque entendemos "que o método não se separa da construção do objeto" (CARDOSO, 1977) e envolve a relação sujeito-objeto.[2] A questão tem origem na filosofia e mereceu uma vasta literatura. Constitui, de acordo com as diversas correntes e tendências, o campo da teoria do conhecimento que se coloca para todas as ciências e, particularmente, para as ciências sociais, onde o homem é o sujeito que investiga e ele é o próprio objeto de estudo.

---

[2] Esta reflexão tem por base CIAVATTA (2001).

Três são as posições fundamentais para se conceber a relação sujeito-objeto (SCHAFF, 1978, p. 72 e ss.). Elas dizem respeito ao sujeito que conhece, ao objeto de conhecimento e ao conhecimento como produto do processo cognitivo, que é uma interação específica entre o sujeito que conhece e o objeto a ser conhecido. Historicamente, elas sinalizam a ruptura com a filosofia da história e o nascimento das ciências sociais no final do século XIX, quando o homem deixa de ser sujeito, consciência e produtor da história para tornar-se objeto.

A filosofia refletia sobre o sujeito, que tem uma consciência racional, livre, autônoma, produtora de sentido sobre os objetos. As ciências humanas e sociais nascentes (Marx, Dilthey, Durkheim, alcançando a passagem do século XIX para o século XX) desenvolvem uma forma diferente de ver as relações entre as condições externas, objetivas e a consciência humana. "O novo objeto-homem, abordado pelo novo saber das ciências sociais, é empírico, observável, repetitivo, quantificável, regular, submetido a condições objetivas, limitadoras de sua vontade e independentes de sua intencionalidade" (REIS, 2000, p. 40-41).

Uma primeira concepção privilegia a atuação do objeto sobre o sujeito, cujo aparelho perceptivo é receptivo, passivo, contemplativo. O produto desse processo é o conhecimento, que seria o reflexo, a cópia do objeto. No limite da interpretação, é a construção mecanicista da teoria do reflexo. Associa-se a ela a definição clássica de verdade, segundo a qual um juízo é verdadeiro quando sua formulação está conforme ao seu objeto. Essa concepção está subjacente à concepção positivista de história que vê na descrição empírica dos fatos o conhecimento objetivo, de acordo com a realidade.

Na segunda posição, concebe-se o predomínio do sujeito que conhece. O sujeito que percebe o objeto e produz o conhecimento é o elemento predominante ou exclusivo do processo cognitivo. Seu elemento positivo é o reconhecimento do papel ativo do sujeito. Nas suas formas estritas, essa concepção conduz ao subjetivismo, ao idealismo e ao relativismo presentes nos pensadores historicistas. Para esses "críticos da razão histórica", a consciência não é um epifenômeno, não está ausente dos fenômenos estudados, mas não está inteiramente submetida às condições objetivas (REIS, 2000).

Uma terceira posição tenta superar o predomínio do sujeito ou do objeto, pela ênfase na relação que se estabelece entre os dois. Neste sentido, a história humana constitui o desdobramento das possibilidades do homem no tempo (KOSIK, 1976, p. 217-218). O conhecimento não seria apenas o registro do objeto por um sujeito passivo, embora seja "submetido a diversos condicionamentos, em particular, às determinações sociais, que introduzem no conhecimento uma visão de realidade socialmente transmitida" (SCHAFF, 1978, p. 75).[3] Para Coelho (2010, p. 15-16),

---

[3] A partir, sobretudo, da segunda metade do século XX, a psicanálise desenvolvida após Freud, o estruturalismo (a linguística, a antropologia, a psicologia) e a semiótica (Lévi-Strauss, Roland

> [...] se a própria subjetividade não se esgota em si mesma, ou seja, se os sujeitos não podem ser considerados como autodeterminações, a história não pode limitar seu interesse à história das subjetividades. [...] História será, então, sempre a investigação da história do ser social, isto é, de sujeitos determinados atuando em circunstâncias determinadas.

O homem, sujeito e objeto na produção do conhecimento, não é um indivíduo isolado, mas um sujeito social que realiza a história e nela se realiza; produz conhecimento sobre si e sobre o mundo em que vive, se organiza e se aperfeiçoa nos embates que trava. "Não é a consciência que determina a vida, mas a vida que determina a consciência [...]" (MARX, 1979, p. 37-38).

Um último aspecto correlato a este é o conceito de práxis. Na mesma *Ideologia alemã,* Marx (1979) reitera que "toda vida social é essencialmente prática". Mas aqui, também, é preciso não retirar o conceito do conjunto de sua obra. A prática supõe a materialidade da ação sobre o mundo exterior, mas envolve toda a sociabilidade que nela se gera, envolve a cultura, a política. Por essa duplicidade de ações, o conceito tem sido objeto de discussão entre os estudiosos, principalmente pela sua convergência com o conceito de trabalho, como atividade fundante, ontocriativa da vida humana (LUKÁCS, 1979).

De nosso ponto de vista, pela ação do trabalho, o ser humano produz a própria existência e, nesse agir, põe em movimento todo seu potencial físico e mental. A práxis seria seu desdobramento como ação política. Particularmente, em Gramsci (1978), a *filosofia da práxis* é o conhecimento e a prática para a transformação da sociedade da exploração do trabalho em que vivemos. O trabalho intelectual e político de Frigotto se realiza no contexto dessa polêmica. Mas este é um tema onde o consenso está longe de ser alcançado.

A entrevista que realizamos foi centrada nas ações do sujeito e nas suas relações sociais e familiares. Foi complementada com fotos do acervo pessoal da família. Lá estão o "nono" (avô), os pais, os irmãos, as instituições educacionais onde Frigotto se formou, a esposa, as filhas e as netas. O uso da fotografia como fonte histórica (CIAVATTA, 2002) requer alguma atenção. A ambiguidade é intrínseca à imagem fotográfica que mostra e esconde o objeto ao mesmo tempo, revelando o fenômeno na aparência e ocultando as relações que lhe estão subjacentes, o contexto de sua produção, a totalidade social à qual cada imagem pertence. Isso não nos permite abrir mão da riqueza e do ineditismo de informações que a imagem, diferentemente da palavra, nos transmite. E, muito menos, nos autoriza a utilizá-la com ilustração.

Barthes) concentraram seus estudos nos múltiplos sistemas de signos e de significação. Dão especial relevo às formas discursivas como constituintes da realidade à qual os indivíduos têm acesso, o que tira de foco o homem como sujeito ativo, constituído e constituinte na relação com o mundo exterior.

Nosso contato imediato com a realidade é com sua aparência, com o que se mostra à vista, as qualidades exteriores ou o que constitui a representação de um objeto. Para se chegar à "coisa em si", é necessário fazer certo *détour*. Por isso o pensamento dialético distingue o conceito da coisa de sua representação. Não significa distinguir duas formas e dois graus de conhecimento da realidade, "mas, especialmente, duas qualidades da práxis humana", porque o ser humano não é um abstrato sujeito cognoscente, mas um indivíduo histórico que age objetiva e praticamente (KOSIK, 1976).

A fotografia, ela própria é um documento que, tratado como mediação histórica, para não esgotar-se na aparência, na sedução estética da imagem ou na comunicação, supõe que se busque a totalidade social a que pertence, as mediações sociais de sua produção, apropriação, preservação e sentido de seu uso. Para que as fotografias apresentadas não se tornem apenas uma curiosa ilustração da entrevista, com a ajuda de Frigotto, identificamos a data ou o período em que foram produzidas e, com apoio de outras informações, constituímos legendas que revelam seu contexto e significado. Este processo de leitura da fotografia, com o apoio de outras fontes, é o que a historiadora Ana Maria Mauad Essus (1990) chama de intertextualidade.[4]

A reflexão sobre a natureza documental da fotografia implica também seu tratamento enquanto monumento, ou seja, a análise de sua condição inevitável de construção histórica destinada à perpetuação de alguma memória, do ponto de vista do grupo social que produziu e/ou apropriou-se das fotos. No caso, são fotos do acervo familiar, "monumento" afetivo, mas não menos revelador da história do homem e de suas raízes, que contribuem para outro tipo de conhecimento do entrevistado, tal como a importância da coesão familiar, a importância de serem lembrados e reconhecidos amorosamente juntos.

Testemunho visual das aparências, como informação e como fonte de recordação e de emoção, a imagem fotográfica associa-se à memória e introduz uma nova dimensão no conhecimento histórico, tradicionalmente obtido através da linguagem oral e, principalmente, da escrita. Analisando a origem e a expansão da fotografia no Brasil, além de resgatar o conhecimento possível sobre o tema, Kossoy (1989) mostra os limites da preservação da memória documental no Brasil, de modo particular, a memória fotográfica. Fatores de ordem cultural e econômica impediram que, ao lado da produção fotográfica que foi abundante desde a segunda metade do século XIX, também se desenvolvesse o registro e a preservação ampliada dessa memória, frequentemente restrita ao âmbito familiar.

Para Miriam Moreira Leite (1993) e Ecléa Bosi (1987), o instrumento socializador da memória é a linguagem, e pode-se considerar a fotografia

---

[4] O uso da intertextualidade é comum entre pintores que recriam um tema tratado por outro artista, a partir de sua própria arte.

como um tipo de linguagem que, ao mesmo tempo, reduz a história vivida, unifica-a através do quadro espacial recortado pelo fotógrafo e aproxima o olhar sobre determinados aspectos da experiência cotidiana. A fotografia atua, portanto, como um instrumento socializador da memória de indivíduos, grupos e instituições.

A terceira fonte de estudo para o conhecimento de Frigotto são os textos selecionados. Neles, particularmente, evidenciam-se os embates com o mundo criado pelo sistema capital, em países como o Brasil e outros da América Latina. Os temas em destaque são a exclusão e/ou a desigualdade, a questão do trabalho, a sociedade de classes e a história e as políticas educacionais no país. Eles refletem a preocupação do autor com a teoria para pensar a ação política na sociedade.

O primeiro texto foi apresentado em um evento do Consejo Latinoamericano de las Ciencias Sociales (CLACSO) em 2001, no contexto da implantação e das consequências das políticas neoliberais na América Latina desde os anos 1990. Inicia reconhecendo o embate ideológico e político expresso pelo termo "exclusão social", que

> [...] expressa, certamente, o diagnóstico e a denúncia de um conjunto amplo, diverso e complexo de realidades em cuja base está a perda parcial ou total de direitos econômicos, socioculturais e subjetivos. Sinaliza, quem sabe, o *sintoma* de uma realidade contraditória em cuja base está a forma mediante a qual o capital reage às suas crises cíclicas de maximização de lucro, vale dizer, suas crises de tendência de queda da taxa de lucro (FRIGOTTO, 2001, p. 419).

Na atual crise, o capital estaria expondo "limites nunca antes expostos com igual magnitude e intensidade, resultado de sua forma contraditória, e por isso destruindo, de forma devastadora, direitos constituídos ao longo, especialmente, dos últimos 100 anos". Não se trataria apenas de um conceito do campo da epistemologia, porque não "apreenderia as *mediações* constitutivas da materialidade histórica atual da forma capital, cujo escopo é de ampliação e radicalização da sua natureza intrínseca – a desigualdade" (FRIGOTTO, 2001, p. 419). Em outros termos, não cobriria toda a totalidade social onde se gera o fenômeno.

No segundo texto, apresentado para debate no Grupo de Trabalho (GT) Trabalho e Educação da Associação Nacional de Pós-Graduação e Pesquisa em Educação (ANPEd), Frigotto não se prende à transformação semântica do termo trabalho, porque "os sentidos e significados do trabalho resultam e constituem-se como parte das relações sociais em diferentes épocas históricas e [como] um ponto central da batalha das ideias na luta contra-hegemônica à ideologia e à cultura burguesas" (p. 169). A partir desse pressuposto, o autor é levado a

> [...] compreender e tratar as relações de produção e de reprodução sociais, a linguagem, o pensamento e a cultura de forma histórico-dialética, e que, para não cairmos numa discussão abstrata, atemporal ou, nos termos de Marx, escolástica, o sentido do trabalho, expresso pela linguagem e pelo pensamento, só pode ser efetivamente real no campo contraditório da práxis e num determinado tempo e contextos históricos (FRIGOTTO, 2009, p. 169).

O autor desenvolve seu texto polemizando com autores do campo do trabalho (como Sérgio Lessa e Paolo Tumolo), trazendo o pensamento de nomes importantes das ciências humanas e sociais para o debate (a exemplo de Ricardo Antunes, Marilda Villela Iamamoto e Dermeval Saviani). Apoia-se ainda na discussão sobre o *capitalismo dependente*, tema que voltou a ser objeto de consideração na primeira década deste século no Brasil (retomando Florestan Fernandes, Rui Mauro Marini) e na discussão do desenvolvimentismo e a democracia nos rumos políticos e econômicos do país (Francisco de Oliveira, Carlos Nelson Coutinho).

O terceiro dos textos selecionados constituiu-se na Conferência de Abertura da XXXIII Reunião Anual da ANPEd, em Caxambu, MG, em 17 de outubro de 2010. O tema retoma Florestan Fernandes, para quem "a história nunca se fecha por si mesma e nunca se fecha para sempre. São os homens, em grupos e confrontando-se como classes em conflito, que 'fecham' ou 'abrem' os circuitos da história" (FERNANDES, 1997, p. 5 *apud* FRIGOTTO, 2011b).

Não perdendo de vista que o conjuntural é parte do estrutural, Frigotto analisa que

> [...] a década começa em janeiro de 2003 com a posse do atual governo do presidente Luiz Inácio Lula da Silva, já que não é o tempo cronológico que define uma conjuntura, mas a natureza dos acontecimentos e dos fatos e as forças sociais que os produzem.
>
> O começo, em janeiro de 2003, se traduz no fato de que, não obstante as diferenças entre a eleição de 1989 e a de 2002, as forças sociais progressistas que conduziram ao poder o atual governo tinham em sua origem a tarefa de alterar a natureza do projeto societário com consequências para todas as áreas. (FRIGOTTO, 2011b, p. 237)

Esse objetivo não estaria sendo alcançado porque "a conciliação se dá, por um lado, na continuidade da política macroeconômica fiel aos interesses da classe detentora do capital e, por outro, no investimento na melhoria de vida de *uma fração de classe (trabalhadora) que, embora majoritária, não consegue construir desde baixo as suas próprias formas de organização*" (SINGER, 2009, p. 84 *apud* FRIGOTTO, 2011b, p. 239, grifos do autor).

Em síntese, o texto traça uma rigorosa crítica das políticas econômicas e educacionais, destacando a lógica mercantil que tem pautado as políticas de educação tanto durante o Governo Fernando Henrique Cardoso quanto no Governo Lula. "Para o mercado não há sociedade, há indivíduos em competição. E para o mundo da acumulação flexível, não há lugar para todos, só para os considerados mais competentes, os que passam pelo metro que mede o tempo fugaz da mercadoria e de sua realização" (FRIGOTTO, 2011b, p. 251).

Outros artigos tomam as dimensões epistemológicas da produção do conhecimento de um ponto de vista marxista e focalizam a interdisciplinaridade e a dialética. Ao referir-se à dialética materialista histórica, o autor assinala a ruptura entre a ciência da história e as análises metafísicas de compreensão do real. É este enfoque que está presente na análise das relações capitalistas de produção para o estudo "Fazendo pelas mãos a cabeça do trabalhador", que também integra esta coletânea.

Os textos de opinião expressam sua atuação política na imprensa, em questões pontuais mas que não perdem o vínculo com a sociedade mais ampla. O primeiro texto foi publicado no jornal *Folha Dirigida* (FRIGOTTO, 2001b). O artigo ressalta o fato reiterado por vários estudos que "apontam que, no Brasil, passamos de uma ditadura civil-militar para uma ditadura do mercado", não somente nos negócios mas também na educação, ela também um negócio. E exemplifica com a declaração do reitor de uma universidade privada, o que "não só qualifica o atual modelo econômico-social mas também o projeto educacional do atual governo". É coerente com o pragmatismo empresarial quando afirma:

> [...] eu não me interessei pela educação e nem acho que eu seja uma pessoa muito interessada em educação. [...] Estou interessado no Brasil? Não, não estou interessado no Brasil. Na cidadania? Também não. Na solidariedade? Também não. Estou interessado na Estácio de Sá. Ou seja, estou interessado no meu negócio (Estácio de Sá *apud* FRIGOTTO, 2001b, p. 12).

O segundo artigo, publicado por uma revista do movimento sindical, *Retratos da Escola,* trata do ensino médio, da educação profissional e das condições de ruptura com o dualismo estrutural que vige, historicamente, na educação brasileira:

> A minimização da dualidade na educação implicaria efetivar o que a geração de intelectuais do pensamento social crítico entendia como Revolução Nacional. Não se tratava de uma revolução socialista, mas condição prévia de sua possibilidade futura em termos reais, pois o socialismo não resulta do quanto pior, melhor. Tratava-se de afirmar um projeto de desenvolvimento autônomo e soberano com reformas estruturais que permitissem efetiva distribuição de renda e integrar as massas, o povo à vida digna com acesso ao trabalho, moradia, saúde, educação e cultura (FRIGOTTO, 2011a).

Como toda história, apresentamos nesta obra fragmentos de uma vida que vai além do que pudemos compreender e expressar nos documentos e observações aqui apresentados. Na história positivista do século XIX e, também, no pensamento pós-moderno do século XX em diante, um dos riscos dos historiadores seriam as teorias. Era preciso "deixar as fontes falarem" (COELHO, 2010). Corremos o risco de apresentar o professor intelectual crítico da educação e da política, não abdicando das teorias e das questões de método que nos ajudassem na leitura das fontes. Não esgotamos seu pensamento. Buscamos a aproximação possível de sua práxis e de sua vida.

Rio de Janeiro, junho de 2012

Referências

BOSI, Ecléa. Memória-sonho e memória-trabalho. In: *Memória e sociedade: lembranças de velhos*. São Paulo: T. A. Queiroz; Edusp, 1987.

BRAUDEL. Ferdinand. A longa duração. In: *História e ciências sociais*. Lisboa, Presença, 1992.

CARDOSO, Ciro F. *Um historiador fala de teoria e metodologia*. Ensaios. Bauru: EDUSC, 2005.

CARDOSO, Miriam. *La construcción de conocimientos. Cuestiones de teoría y método*. México: Ediciones Era, 1977.

CHARTIER, Roger. *A história cultural. Entre práticas e representações*. Lisboa: DIFEL, 1990.

CIAVATTA, Maria. O conhecimento histórico e o problema teórico-metodológico das mediações. In: FRIGOTTO, Gaudêncio; CIAVATTA, Maria. *Teoria e educação no labirinto do capital*. Petrópolis, RJ: Vozes, 2001.

CIAVATTA, Maria (Org.). Entrevista com Gaudêncio Frigotto. O professor visto de perto. In: *Gaudêncio Frigotto. Um intelectual crítico nos pequenos e nos grandes embates*. Belo Horizonte: Autêntica, 2012.

CIAVATTA, Maria. *O mundo do trabalho em imagens. A fotografia como fonte histórica (1900-1930)*. Rio de Janeiro: DP&A, 2002.

COELHO, Eurelino. A dialética na oficina do historiador: ideias arriscadas sobre algumas questões de método. *Revista História & Luta de Classes*, ano 6, n. 9, junho de 2010, p. 7-16.

ESSUS, Ana Maria Mauad. *Sob o signo da imagem*: a produção da fotografia e o controle dos códigos de representação social da classe dominante, no Rio de Janeiro, na primeira metade do século XX. Tese (Doutorado) – Instituto de Ciências Humanas e Filosofia, Universidade Federal Fluminense, Niterói, 1990.

FONTANA, Josep. *A história dos homens*. Bauru: EDUSC, 2004.

FONTES, Virgínia. História e verdade. In: FRIGOTTO, Gaudêncio; CIAVATTA, Maria. *Teoria e educação no labirinto do capital*. Petrópolis, RJ: Vozes, 2001.

FRIGOTTO, G. *A educação e a crise do capitalismo real*. São Paulo: Cortez, 1995.

FRIGOTTO, G. O enfoque da dialética materialista histórica na pesquisa educacional. In: FAZENDA, Ivany (Org.). *Metodologia da pesquisa educacional*. São Paulo: Cortez, 1989.

FRIGOTTO, Gaudêncio A polissemia da categoria trabalho e a batalha das idéias nas sociedades de classe. *Revista Brasileira de Educação*, ANPEd, v. 14, n. 40, p. 168-194, jan./abril, 2009.

FRIGOTTO, Gaudêncio. *A produtividade da escola improdutiva*. 7. ed. São Paulo: Cortez, 2002.

FRIGOTTO, Gaudêncio. Ensino médio e educação profissional: a ruptura com o dualismo estrutural. Entrevista. *Retratos da Escola*, CNTE, Brasília, 22 de julho de 2011a.

FRIGOTTO, Gaudêncio. Exclusão e/ou desigualdade social? Questões teóricas e político- práticas. Reunião do GT/ CLACSO, GT Educação, Trabalho e Exclusão Social Guadalajara, México, 19 a 26 de novembro de 2001a.

FRIGOTTO, Gaudêncio. Os "homens de negócio" e a política educacional do MEC na década de 1990. *Folha Dirigida*, Rio de Janeiro, 20 a 26 de novembro de 2001b, Caderno Educação, p. 12.

FRIGOTTO, Gaudêncio. Os circuitos da história e o balanço da educação no Brasil na primeira década do século XXI. *Revista Brasileira de Educação*, ANPEd, v. 16, n. 46, p. 235-274, jan./abril 2011b.

GRAMSCI, Antonio. *Obras escolhidas*. São Paulo: Martins Fontes, 1978.

KOSIK, Karel. *A dialética do concreto*. Rio de Janeiro: Paz e Terra, 1976.

KOSSOY, Boris. *Fotografia e história*. São Paulo: Ática, 1989.

LABASTIDA, Jayme. O objeto da história. Nova escrita, *Ensaio*, São Paulo, 5 (11/12), p. 161-175, 1983.

LEITE, Míriam Moreira. *Retratos de família: leitura da fotografia histórica*. São Paulo: EDUSP, 1993.

LUKÁCS, G. *Ontologia do ser social. Os princípios ontológicos fundamentais de Marx*. São Paulo: Ciências Humanas, 1979.

MARX, Karl. *A ideologia alemã* (Feuerbach). São Paulo: Ciências Humanas, 1979.

MARX, Karl. *Contribuição à crítica da economia política*. Lisboa: Paulo: Estampa, 1977.

MARX, Karl. *O capital. (Crítica da Economia Política)*. 2 v. Rio de Janeiro: Civilização Brasileira, 1980.

REIS, José Carlos. *Escola dos Annales. A inovação na história*. Rio de Janeiro: Paz e Terra, 2000.

REVISTA BRASILEIRA DE EDUCAÇÃO, ANPEd, v. 16, n. 46, p. 235-274, jan./abril 2011.

SCHAFF, Adam. *História e verdade*. São Paulo: Martins Fontes, 1978.

VILAR, Pierre. Marx e a história. In: HOBSBAWM, Eric J. *História do marxismo*. I. *O marxismo no tempo de Marx*. Rio de Janeiro: Paz e Terra, 1987.

WHITE, Hayden. *Meta-história. A imaginação histórica do século XIX*. São Paulo: EDUSP, 1995.

ZEMELMAN, Hugo. *Uso crítico de la teoria. En torno a las funciones de la mediación*. México, UNU/El Colégio de México, 1987.

Entrevista – O professor visto de perto[1]

"O subjetivo que nós somos é aquilo que a realidade nos permite subjetivar" (G. Frigotto)

Esta entrevista foi realizada em uma manhã ensolarada do Rio de Janeiro, em torno a uma mesa, e tem tom coloquial. Realizada de manhã porque, para quem vem do campo como nós, o tempo da luz do dia é o tempo da visão mais clara, do entendimento da vida e da natureza. Em torno a uma mesa, não podia deixar de ser por seu tom coloquial. Gaudêncio é como um irmão mais novo com a experiência e a generosidade do irmão mais velho.

Uma entrevista traz aspectos de uma biografia e traços de uma autobiografia porque o entrevistado aceita contar um pouco de sua vida para quem o entrevista, mas conta sua vida com os meandros e recessos daquilo que quer contar. Esta entrevista com o Prof. Gaudêncio Frigotto é sobre o educador, mas "quem educa o educador?" diz Marx. Certamente, é a vida, sua história de vida. Por isso, esta entrevista não é apenas uma leitura escrita de seu Currículo Lattes. Está mais próxima de seu *Memorial*, de sua biografia, mas tem o roteiro delineado por quem o entrevista a partir de espaços de convivência no trabalho.

Eu o conheci, em meados dos anos 1970, durante o curso de mestrado em Educação no Instituto de Estudos Avançados em Educação (IESAE/FGV). Ele já era famoso pela dissertação que fazia sobre o SENAI,[2] juntamente com Darcy Costa, ambos orientandos do mais polêmico professor, economista e intelectual positivista que tínhamos, o irreverente Cláudio de Moura Castro. Por caminhos paralelos, em outras instituições e, principalmente na Universidade Federal Fluminense (UFF), fizemos vários projetos de ensino e pesquisa juntos e escrevemos vários livros e artigos. É com a intimidade da colaboração em um longo trabalho intelectual conjunto que elaborei algumas perguntas para esta entrevista.

---

[1] Entrevista realizada por Maria Ciavatta, na cidade do Rio de Janeiro, em 24 de agosto de 2011.

[2] Dessa dissertação, escreveu um artigo atual até os dias de hoje, "Fazendo pelas mãos a cabeça do trabalhador", (atual, principalmente, pela emergência de um programa como o Pronatec).

■ **Quais são suas raízes no presente? O que você considera que constitui sua identidade como intelectual?**

Veja, acho que são diferentes raízes nesse inventário. Primeiramente, a socialização primária como o menino do campo numa situação, digamos assim, de pequenos agricultores, onde se produz a minha infância de zero ano aos 12 anos. Mas nunca me desliguei do campo; tanto que hoje, por exemplo, a identidade que eu tenho com o MST [Movimento dos Trabalhadores Rurais Sem Terra], essa identidade tem a face dessa socialização primária onde a terra era o problema.

Acervo da Família Frigotto, 1954, autor desconhecido. Gaudêncio (à esquerda) nasceu em 12 de fevereiro de 1947. Na foto com os dois irmãos, Lino (*in memoriam*) e Braz (*in memoriam*), na localidade de Antônio Prado, RS, onde nasceram e passaram a sua infância.

E, depois, também a formação política ao longo da minha trajetória. Então, a primeira marca são as raízes do campo, das quais eu gosto, e não abro mão delas; e a segunda é, exatamente, a possibilidade de, no fim dos anos 1950, um filho de pequeno agricultor, minifundiário, poder seguir a vida escolar.

Acervo da Família Frigotto, 1931, fotógrafo desconhecido. Foto de casamento dos pais de Gaudêncio, Miguel Domingos Frigotto e Irma Dal Bosco Frigotto em Antônio Prado, RS. "Em memória do meu velho pai Michele Domenico e Irma Dal Bosco Frigotto, que só a morte os libertou da extorsão, violência e exclusão de sua condição de colonos, e de quem guardo uma imensa e infindável saudade. Deles aprendi a singeleza do amor, o senso de justiça e a força para lutar os pequenos e grandes embates" (FRIGOTTO, 2006, p. 4).

Aí, então, entra a minha vida de internato num seminário dos Frades Menores Capuchinhos, onde passei sete anos e fiz a formação (nos termos de hoje) básica. No *Memorial*, eu sublinho a importância desse período, dialogando com Foucault sobre o tema das instituições totais. Se é verdade que as instituições totais moldam, amordaçam e restringem a liberdade, todavia, dependendo da situação e relação social que se vive, elas também são libertadoras. Contraditoriamente, foi essa instituição total (seminário) que me permitiu a travessia de filho de colono para um mundo intelectual e entender que a igreja e a religião são produtos da ação humana. Como assinala Marx, não é a religião que faz o homem, mas os homens que fazem determinada religião, ainda que, esta existindo, passe fazer parte da materialidade das relações sociais.

Arquivo M. Ciavatta, março de 2012, Maria Ciavatta. Pátio interno do Seminário dos Capuchinhos, Veranópolis, RS. Os Capuchinhos chegaram ao RS em 1896. O prédio do Seminário onde Gaudêncio estudou, hoje é ocupado por várias instituições: Instituto Josué de Castro [escola pública estadual de nível médio, sob a responsabilidade do MST], Secretaria Municipal de Educação, Secretaria Municipal de Esportes, Universidade de Caxias do Sul, Evolução - Escola de Ensino Fundamental.

"De repente uma 'vocação' fulminante. A captura deu-se por um velho frade da Ordem Menor dos Capuchinhos, uma ramificação dissidente da Ordem Franciscana. Na sua labuta de fisgar *vocações*, o velho e magro frade, com suas longas barbas, respondeu-me seguro à única pergunta que lhes pude fazer: o que mesmo se faz no seminário? Didático respondeu-me: reza-se um pouco, trabalha-se um pouco e estuda-se e brinca-se muito. Argumento imperativo para quem trabalhava muito, rezava muito e estudava e brincava bem menos [...] É dos 12 aos 19 anos, no espaço da instituição total *seminário*, dentro de uma forte disciplina intelectual e moral, cujo objetivo era transformar colonos em intelectuais teólogos, que conclui a escola primária, o clássico e científico e um ano de pós-secundário – *noviciado* (um ano probatório para ver quem, de fato, tinha "vocação"). Tratava-se, como bem nos ajuda entender Bourdieu na sua *teoria da violência simbólica*, de, por um exercício sistemático, intenso e prolongado, mudar o *habitus primário* de colono para um *habitus secundário*" (FRIGOTTO, 2006, p. 7-8).

Outro traço fundamental das raízes é o trânsito do meio rural para o meio urbano nos anos 1960. A vivência no movimento urbano operário e a organização dos agricultores na região de Ijuí, e essa participação começou a demarcar, digamos, minha raiz intelectual e a raiz histórico política. Neste mesmo contexto, a organização de grupos para apoiar os presos políticos da ditadura, dos exilados, os que estavam na guerrilha, etc. Essas são marcas que fazem a ponte entre a minha vida no campo e minha vida intelectual, as mediações que constituem a possibilidade do filho de colono ir constituindo--se intelectual. Não era somente eu, outros, como João Pedro Stédeli, Cândido Gribowsky, Domingos Giroletti, passaram pelo mesmo seminário. Éramos, em diferentes séries, mais de quatrocentos que transitamos por essa via.

■ **Como filho de italianos, de vez em quando você manifesta lembranças dessa convivência. Essas raízes têm presença em sua vida? O que a Itália representa, ou... ela representa alguma coisa em sua vida?**

Sem dúvida. Eu diria que a Itália é o inconsciente mais recôndito, as marcas são de várias ordens. A primeira, a própria marca de neto de imigrante italiano que veio ao Brasil com o ideal de "vencer na vida". Eu tenho a marca muito forte de que você tem que depender de você e tem que ir a luta. Como diziam os avôs, "vamos à América para tentar vencer pelo trabalho". O trabalho é uma marca forte e, talvez, não por acaso eu pesquise tanto o trabalho. A segunda é a cultura. Diria que a cultura, onde a vejo mais nítida, é na influência de meu avô que veio como professor primário, instrutor agrícola e primeiros socorros. Aí também tem uma ligação forte com a valorização do ensino, da educação, um pouco estranha no meio rural naquela época, mesmo entre os italianos. Mas pelo fato de o avô ter sido a vida toda professor, não por acaso, nossa casa é que recebia e hospedava o professor ou a professora da pequena comunidade. Então tem uma marca importante nisso. A terceira influência é, sem dúvida nenhuma, a cultura alimentar. Isso é uma coisa extremamente positiva, o cuidado com a comida, a importância da comida, das frutas. Meu pai carregava isso e tinha sempre cultivo de uma variedade grande de frutas. Minha mãe vinha de uma tradição de hospedaria com ligação à culinária. Pobreza não significava passar fome, pelo contrário, tinha uma abundância extraordinária, e isso tem a ver com a saúde, com a vida.

Acervo da Família Frigotto, 1971, autor desconhecido. Ijuí, RS. "O início de minha formação superior coincide com o período de endurecimento do golpe de 1964 ou, como ficou conhecido, *o golpe dentro do golpe após o AI-5*. A região de Ijuí era uma das cidades mais vigiadas por sua longa tradição de atuação popular. Neste período, o *Movimento Comunitário de Base* abrangia o meio rural e urbano, e sua ação transcendia o âmbito da organização cooperativa e sindical em forma de campanhas. A ênfase era dada à problemática da *cultura popular* e aos processos de conscientização. A Fundação de Integração de Desenvolvimento do Noroeste do Estado (Fidene) era o centro catalisador destas ações. Embora, na época, não fosse uma Universidade – tinha uma perspectiva de Universidade [mais tarde, Unijuí]. De início mantida pela Ordem dos Frades Menores Capuchinhos, paulatinamente transformou-se numa fundação gerida pelos professores mediante um conselho diretor" (FRIGOTTO, 2006, p. 11).

Da Itália tenho, então, muitas marcas. Ao visitar a Itália e a região de onde vieram os avós paternos e maternos experimenta-se uma contradição, porque aquela Itália paupérrima dos nossos avós hoje é a Itália rica, o norte da Itália. Evidentemente, isso tem que ser redescoberto; por exemplo, eu nunca tinha entendido adequadamente porque como tudo com pão, pizza com pão. Em uma entrevista que dei a dois italianos que vieram pesquisar sobre netos de italianos, fomos jantar, e fiquei intrigado porque ao chegar a comida eles não começaram a comer. Aí perguntei, falando italiano: *cosa è sucesso*? (O que está acontecendo?). Eles juntos me responderam: *dove Il panne*? (onde está o pão?). Depois eles me deram uma aula explicando por que o pão é tão fundamental. Aí eu entendi também por que a hóstia é de pão e não podia ser outra coisa. Isso é cultural, então são essas marcas que agora me ocorrem assim, na mente.

Acervo da Família Frigotto, 1939. Antônio Prado, RS. Miguel Frigotto nasceu em 5 de maio de 1869, em Balia, região de Verona, Itália, e veio para o Brasil em 1889. Estabeleceu-se em Antônio Prado e formou numerosa família. No tempo de Vargas, precisou naturalizar-se e "abrasileirar" o nome para Miguel Frigotto. "É como colono que meu avô veio ao Brasil no final do século passado e, com 18 anos de idade, passou a ser professor dos filhos dos imigrantes italianos em Antônio Prado, RS. Imigrantes marcados pela pobreza e pela rigidez de uma formação *católica, apostólica, romana*, cujas rezas, longas rezas, eram mescladas de latim e dialeto do norte da Itália e constituíam-se num dos traços de sua identidade e alienação. É em relação a este tipo de materialidade e situação existencial concreta que, por certo, Marx é levado a concluir o que nos expõe na *Contribuição à crítica da filosofia do direito de Hegel*: 'A miséria religiosa constitui ao mesmo tempo a expressão da miséria real e o protesto contra a miséria real. A religião é o suspiro da criatura oprimida, o íntimo de um mundo sem coração e a alma de situações sem alma'" (FRIGOTTO, 2006, p. 6).

Acervo da Família Frigotto, 1982, autor desconhecido. Os pais, Miguel Domingos Frigotto e Irma Dal Bosco Frigotto Domenico, e os irmãos (da esquerda. para a direita), Gaudêncio, Alfonso *(in memoriam)*, Lino *(in memoriam)*, Benvinda, Inês, Olacir, Marta, Braz *(in memoriam)* e Inocêncio em um reencontro da família, em um sítio, em Paim Filho, em 1982. "Alfredo Bosi, na sua obra *Dialética da colonização* (1992), ao examinar o sentido filológico e etimológico de *colonus* nos indica que significa o que cultiva uma propriedade rural em vez de seu dono [...], ou aquele que reside em terra alheia". Mais profundamente, Bosi nos mostra a situação do ser *colonus*, como um modo de vida, uma condição de vida, marcadas pela exclusão e alienação social.

É na condição de colono, filho de pequenos proprietários rurais, no Rio Grande do Sul, que, cultivando a pouca e acidentada terra (no campo, com cinco anos de idade se tem tarefas claras na divisão familiar do trabalho), rezando a infindável reza num híbrido de dialeto italiano (do Veneto) e latim, que molda as marcas da infância. Mas a infância no campo e nas classes populares sofre um processo de *adultização* precoce, ao contrário dos *mamíferos de luxo* a que se refere Gramsci para caracterizar o modo como são educados os filhos da burguesia que os condena a uma infantilização prolongada.

Como constituir-se intelectual saindo da condição de uma *realidade rebelde* de *colonus*? Na maioria das vezes pelo acaso. A rebeldia do *ser colonus* ou desenraizados urbanos, grande parte provenientes do campo, não permite à maioria absoluta, no contexto da nossa história, de ir além de dois ou três anos de escolaridade (FRIGOTTO, 2006, p. 6-7).

■ Uma pergunta semelhante a essa é: qual o lugar da religião da sua formação?

Parece uma questão muito interessante que tem relação com a primeira questão que você coloca e, também, com a segunda relativa às raízes. Obviamente, eu não podia não nascer católico, porque neto de italiano e, praticamente, em um gueto... não é bem gueto, seria uma enclave – é esta a palavra –, onde existiam só italianos, a religião era uma marca funda. Agora, contraditoriamente, foi preciso ir ao seminário para depois optar em não seguir nenhuma religião. Faz 40 anos que eu não sigo nenhuma religião. Fazendo um curso de antropologia das religiões e, depois, um curso longo de um ano sobre "problemas do pensamento humano" que discutia a origem e o fim do homem, digamos, o processo histórico das religiões, a conclusão é de que a religião é um fato social e humano, como eu ser botafoguense. É claro, não o mesmo peso na marca da vida, mas é uma instituição social como qualquer outra feita para os seres humanos. Para aqueles que veem um sentido hoje, eu poderia dizer que a minha docência, a minha militância ocupam esse lugar, e, portanto, a religião é algo cultural que tem que ser respeitado. Eu respeito todas as religiões, tanto que as minhas filhas não foram iniciadas em nenhuma religião, embora tenham sido batizadas. Hoje, também, elas não frequentam.

Mas é uma marca forte, por exemplo, a marca do seminário em que a mulher era fonte do pecado. Isso me marcou muito antes de começar a entender que isso não era legal, isso não é religião, é uma determinada forma de interpretar. Esse é um tema que nós discutimos pouco, mas, mal ou bem, está na vida das pessoas, e eu tive a felicidade de poder estudar isso em antropologia das religiões, em história das religiões e depois, exatamente, em um curso de filosofia de pós-graduação que era sobre os problemas da origem e do fim que se misturam muito. E esses problemas existem independentes da religião. Não tenho dimensão do quanto ela marca ainda, o fato de não frequentar religião não significa que ela não marque, mas essa é uma contradição. O seminário me fez entender que a religião não era necessária à minha vida, o que é uma contradição interessante.

▪ **Gaudêncio fez uma viagem no tempo, uma viagem densa e espontânea pelos gestos e pela reverência com que falou de pessoas amadas... Continuando, a outra contradição, acredito assim, de sua formação e de sua trajetória, eu resumiria na pergunta: Como você se constituiu no intelectual crítico, que você é hoje, saindo da condição de colono ou, mais propriamente, de filho de colono?**

Essa talvez seja a questão central, pra mostrar que nós somos síntese de relações sociais que a vida nos permite. Acho que sou um cara de sorte; nesse sentido, a palavra sorte, talvez, não diga, mas entrar em um internato de padre foi um acaso. A "vocação", não creio que seja uma dádiva, mas este acaso mudou radicalmente minha possibilidade de vida. Meus colegas de infância, que não tiveram essa trajetória de escola, continuam colonos, inclusive meus irmãos. Embora a maioria deles já não morem no campo moram na cidade e não sejam mais colonos, trazem a marca do homem do campo. A passagem por essa instituição total (seminário) ou similares, o internato, seja dos Maristas, dos Lassalistas, dos Franciscanos, era o caminho da possibilidade da travessia e, com isso, fez-se a história de centenas de educadores que têm essa trajetória.

Agora, hoje, eu entendo como aprendi com Marx que a consciência política você não a faz na escola, a escola é uma mediação, a consciência política se faz nos movimentos, nas lutas, etc. Também há outro elemento importante que é de eu ter tido a oportunidade de fazer a universidade em uma instituição, primeiro, de cultura europeia e, portanto, com quadro docente era bem preparado; e, segundo, uma instituição que estava ligada ao movimento social, ao movimento dos agricultores da região Noroeste do estado do Rio Grande do Sul e ao movimento operário.

■ Qual era a instituição?

Fidene, Fundação de Integração e Desenvolvimento do Noroeste do Estado do Rio Grande do Sul, hoje Universidade de Ijuí (Unijuí). É uma universidade importante, ela tem essa marca, ali é que começou essa relação do aprimoramento intelectual e de nunca deixar de ter um pé na sociedade. Paradoxalmente, eu nunca fui filiado a partido político, esse é um paradoxo. Tenho uma marca inicial no Partido Comunista, que à época formava quadros e, como lembra Francisco de Oliveira, da influência dele se desdobraram outras siglas do campo de esquerda, inclusive em boa medida Partido dos Trabalhadores (PT), ao qual eu também não fui filiado.

A partir, especialmente, do final dos anos 1970, quando o próprio Partido dos Trabalhadores se formou, a não vinculação era o entendimento de que a natureza dos partidos políticos e as diferentes tendências prendiam o trabalho intelectual, em vez de liberar. Então a conclusão que tenho até hoje é que no campo intelectual é muito mais importante o "partido ideológico", a que se está vinculado, do que um "partido parlamentar". No plano formativo, a Unijuí foi um marco importante, em seguida, a Fundação. Uma instituição ambígua, ou mais precisamente conservadora e sempre ligada ao poder dominante. Mas o grande momento de aprofundamento teórico foi o doutorado.

■ A Fundação a que se refere é a Getulio Vargas?

É a Fundação Getulio Vargas do Rio [de Janeiro], e não necessariamente a Fundação como um todo, mas o Instituto de Estudos Avançados em Educação [IESAE][3] que tem uma história muito particular e que agregava

---

[3] O Instituto de Estudos Avançados em Educação foi criado pela Portaria nº. 33 de 1º de junho de 1971, tendo por objetivo "a realização de estudos, pesquisas e ensino em nível de pós-graduação

intelectuais do pensamento crítico liberal e outros conservadores, mas permitia uma formação densa.

E o doutorado em Filosofia e História da Educação na Pontifícia Universidade Católica de São Paulo (PUC), quando fiz uma leitura não dogmática do Marx e de Gramsci, porque, eu diria, a primeira leitura que eu fiz de Marx foi uma leitura muito doutrinária. É sem dúvida o curso de doutoramento e a tese orientada por Dermeval Saviani que me permitiram um percurso para consolidar, digamos, uma formação da qual eu ainda me alimento.

■ **Você poderia relatar alguns momentos decisivos de sua carreira?**

É... Na minha carreira a entrada na Unijuí como professor é decisiva, porque isso me permite, em seguida, fazer o mestrado. Durante o mestrado tive a possibilidade de contar com o apoio de pessoas como Maria Julieta Calazans. No final do mestrado, outros momentos decisivos foram uma seleção interna na FGV e eu ter sido selecionado para coordenar um programa nacional. Fiquei durante quase 20 anos girando o Brasil. Então isso me deu uma visão do Brasil, de suas enormes desigualdades, da cultura política do coronel e o bacharel. Com isso, entendi o que Florestan fala: "Nós somos o gigante de pé de barro", acorrentados como escravos pela desigualdade social, desigualdade profissional, pela violência das classes dominantes. Esse foi um momento marcante.

O doutorado, sem dúvida, como disse anteriormente, permitiu a convivência com um grupo que vai ter, digamos, a possibilidade de aprofundar os estudos do materialismo histórico, da concepção dialética da história. Eu registro a enorme importância, não só de intelectual mas de organizador, de Dermeval Saviani. É difícil, às vezes, você ter junto a pessoa que produz

---

na área de educação". Por essa mesma portaria são designados o professor Luiz Alves de Mattos para exercer a função de Diretor e os professores Raymundo Moniz Aragão, Joaquim de Faria Góes e José de Faria Góes Sobrinho para, sob a presidência do Diretor, constituírem a "Comissão de Planejamento e Programação das Atividades do IESAE".

Em 1º de julho do mesmo ano, o Prof. Luiz Alves de Mattos toma posse como diretor do Instituto, e os membros da Comissão de Planejamento e Programação: Raymundo Moniz de Aragão, José Faria Góes Sobrinho e Durmeval Trigueiro Mendes. [...]

"Com 20 anos de funcionamento, tendo não somente recebido o conceito A nas sucessivas avaliações da CAPES e também sido classificado por essa agência e o CNPq entre os cinco melhores mestrados em educação no país, o IESAE, através da Portaria nº 24, de 20 de junho de 1990, simultaneamente com mais outros sete órgãos daquela Fundação foi declarado extinto, devendo suas atividades passarem temporariamente à competência da EBAP- Escola Brasileira de Administração Pública". [Foram 384 dissertações de mestrado defendidas e aprovadas. Em vista da mobilização e protestos de alunos e professores e a desaprovação da CAPES, o Curso de Mestrado do IESAE foi mantido até 1993] (FÁVERO, p. 4; 10; 14.).

intelectualmente de forma densa e crítica e que organiza. O Saviani organizou aquele doutorado da PUC [São Paulo] em 1978, deu espaço a vários grupos de profissionais mais maduros nas primeiras turmas e depois mais jovens e formou uma escola no sentido sociológico do termo, uma escola de pensamento, com suas diferenças, mas que vai ter um peso importante na educação brasileira das décadas seguintes..

Esse é, também, um momento extremamente marcante do ponto de vista político. Nós somos um país, como lembra o Chico de Oliveira [Francisco de Oliveira], que tem uma espécie de castigo de Sísifo. É um país de golpes, de ditaduras, golpes institucionais. Então, eu nasci no final da ditadura Vargas e passei a minha juventude e a minha formação acadêmica de universidade, de mestrado e de doutorado na contramão; isso também é uma marca que, digamos, está registrada nessa trajetória. E sem dúvida nenhuma, depois do doutorado, o convívio, permanente, com um grupo de pesquisa, na qual, você, Maria, é uma das referências. Nós trabalhamos juntos há praticamente 30 anos, e isso é importante no contraponto. Antes disso, acho que a forma de organização da minha participação sempre coletiva, tem duas marcas contraditórias, uma é o programa Eciel [Estudios Conjuntos de Integración de América Latina y el Caribe], que tinha uma vertente dominantemente positivista, mas eu diria séria. O Gramsci nos dá um elemento importante, lembrado num texto de Leandro Konder, que assinala que o intelectual mostra ser mais avançado quando toma dos seus contendores seu ponto de vista mais avançado, para, se for o caso, incorporá-lo de forma subordinada.

E nós tivemos o privilégio de estarmos no Eciel, onde havia rigor metodológico na pesquisa empírica. É coisa que muitas vezes falta naquilo que o próprio Engels chamava a atenção aos jovens que "esposavam" o materialismo histórico mas tinham duas ou três ideias e tiravam sua conclusão sobre a história e não tinham paciência de percorrer o caminho das mediações, das contradições, etc. Esse registro eu nunca o fiz tão enfaticamente, já o fiz em conferências, etc., mas não por escrito. Mas acho que isso é extremamente educativo. No doutoramento, Dermeval Saviani teve essa postura. A orientação era dominantemente coletiva e o esforço era de articular o teórico e o empírico.

Você não viveu a experiência com o Saviani, mas a viveu aqui. Isso nos ajudou a fazer o que fazemos, juntos há 30 anos, os Projetos Integrados, agora com várias instituições [Grupo THESE – Projetos Integrados de Pesquisas em Trabalho, História, Educação e Saúde – UERJ/UFF/EPSJV/Fiocruz]. E isso é de uma riqueza extraordinária, mais do que você se isolar intelectualmente e achar que sozinho conseguirá produzir algo. O epílogo, diria que é a organização do NEDDATE, Núcleo de Estudos, Documentação e Dados sobre Trabalho e Educação da UFF. O fruto dessa trajetória é que, com outros colegas, durante 20 ou 25 anos, nós fomos formando quadros. Eu não tenho ideia hoje de quantas teses e dissertações eu já orientei, mas deve ser próximo a 100, se não mais. Eu nunca tive essa preocupação de contabilizar. Mas certamente participei de mais de duzentas bancas de mestrado e doutorado, etc. Acho que isso é a expressão de um trabalho e de uma disciplina coletiva.

■ **Eu tinha uma outra questão, de alguma maneira você já se adiantou, mas gostaria de colocar mais um detalhe à pergunta. A questão era sobre as instituições, quais são as marcas que ficaram? E você trabalhou durante quase, ou pelo menos, 20 anos na UFF e agora está na UERJ. Você teria algo a acrescentar sobre essas instituições e como você interagiu com elas, não só as marcas que elas deixaram mas o que você vê da sua passagem por essas instituições?**

Olha, eu acho que eu começaria pela Fidene. Na Fidene eu fiquei pouco tempo, fiquei três anos, tive uma experiência de professor e de vice-diretor durante um ano. Lá, a marca é a importância da disciplina e da organização no estudo, de ir aos clássicos e, como lhe disse, da sua relação com os movimentos sociais e políticos. Figuras como as dos professores Mário Osório Marques, Soterro Dotti (a este tenho uma dívida especial por seu inestimável apoio para entrar como professor na Fidene), Argemiro Brum, me marcaram muitíssimo por seu conhecimento vinculado à luta para construir uma nação de fato. Na FGV, a marca era de uma instituição que tinha uma grande fama, mas, como assinalei anteriormente, era conservadora. Contraditoriamente, na ditadura, porque dela não se esperava nenhuma "revolução", pôde se desenvolver, dentro dela, um grupo de professores que organizaram um mestrado que tem uma história muito interessante na educação brasileira.

No entanto, do ponto de vista da minha produção intelectual e da minha atuação profissional, a UFF é a instituição que mais me marcou, não só porque foi onde me aposentei mas porque eu acho que o curso de Pedagogia, o curso de Pós-Graduação em Educação no qual trabalhei, o grupo de pesquisa a que me referi, representaram um momento muito virtuoso, e ainda não estávamos tão marcados pelo produtivismo, pela competição, pela mercantilização do conhecimento, como vivemos hoje. É uma coisa terrível. Tenho pena dos jovens, dos que oriento e começam a carreira docente querendo seguir a pesquisa na pós-graduação. É um preço contado pelo metro do conhecimento, e é um metro muito enferrujado, um metro enviesado, um metro, como diz Chico de Oliveira, marcado pela *mimese* da mercadoria. Portanto, mutila a possibilidade de trabalhos mais densos. E nós tivemos essa possibilidade na UFF, em um momento extraordinário de um grupo, também plural, de pessoas com aportes teóricos diferentes, com embates, mas sempre embates dentro de uma convivência ética, e isso também me marcou profundamente.

A UERJ, eu tenho pouco tempo, ela tem uma marca para mim de outra natureza. Estou em um programa pequeno – Programa de Pós-Graduação em Políticas Públicas e Formação Humana (PPFH). Um programa muito leve, muito bom nesse sentido, que tem um objeto, digamos, uma definição de estudo interessante, que articula a formação humana a política púbica. Algo está muito ligado aos fundamentos e à minha trajetória intelectual. E na UERJ o público que nós acolhemos na graduação em Pedagogia não é da Zona Sul, é do Grande Rio. São alunos que têm dificuldade de chegar e que têm dificuldade de pagar o transporte. Trabalho à noite com esse grupo e tenho muito prazer de tê-los. Muitas empregadas domésticas que vão à universidade com a vontade de não serem mais empregadas domésticas. Que ótimo, vão criar um problema porque, como se sabe pelas estatísticas, agora há cada vez menos empregadas domésticas. Isso é um sinal muito bom para o Brasil. E na pós-graduação acolhemos pessoas muito ligadas a instituições públicas e a movimentos sociais. Então é uma continuidade, um espaço bom de trabalho, e é onde ficarei até o tempo me deixar.

▪ **Eu retomo uma palavra sua quando iniciou sua fala sobre os alunos. E eu gostaria de lhe perguntar o que são, o que trazem e o que levam os alunos?**

Os alunos são os nossos xodós, o que seria de nós sem os alunos? Então, acho que uma das coisas que aprendo com os alunos é que eles nos surpreendem, positivamente e negativamente. Às vezes temos uma grande aposta, e por razões A, B ou C, não por juízo moral, essa aposta não dá certo. Apenas avaliamos mal... e, de repente, você tem alunos que não prometem muito no início mas depois desabrocham como uma grande "flor". Essa é uma forma de você não acomodar seu pensamento. Trabalhar na pós-graduação, nesse sentido, especialmente, é um privilégio, porque nós temos, o tempo todo, pessoas pesquisando questões que estão relacionadas imediata ou mediatamente com aquilo que pesquisamos, mas que nunca conseguiríamos alcançar. Então, o aluno também nos forma nesse sentido.

E hoje o grande problema é que o aluno chega com uma carga de informação brutal, há uma produção estupenda de dados em todos os campos, mas com pouco conhecimento; é uma produção que gera pouco conhecimento. O produtivismo que resulta da *mimese mercantil*, então, gera também uma dificuldade na orientação. É diferente orientar hoje um aluno que trabalha e estuda, ou o aluno que não pode comprar livros muitas vezes, comparado com aquele que tinha tempo integral, enfim, que muitas vezes tinha salário e bolsa. Mas essa é a realidade sobre a qual nós trabalhamos.

A coisa mais bonita é encontrar, dez anos depois, alunos que até reclamavam do curso puxado, da exigência de trazer por escrito, e receber um obrigado pelo aperto. Isso significa que aquilo valeu. Aprendi também que nosso papel é o de organizar, disciplinar intelectualmente e saber não simplificar. E outra coisa, eu nunca dissocio o conhecimento da vida, acho que isso também é uma coisa que aprendemos e sofremos muitas vezes com a situação dos alunos, principalmente, da graduação.

Para desmistificar a ideologia da "vocação" e realçar que gosto do que faço, sempre digo aos meus alunos que tive na vida três caminhos ou "vocações" que felizmente não vingaram, e finalmente o quarto caminho, que trilhei desde o início da vida adulta perdura até hoje. Uma "vocação" ou caminho era o de ser agricultor, pois na infância o que ouvia falar era da necessidade de ter-se mais terra; a segunda, caminhoneiro. Quando eu era criança, com nove anos, vi pela primeira vez um caminhão e pensei que fosse um deus; queria ser esse deus! A terceira vocação ou caminho foi o seminário, onde me disseram que se brincava, jogava, estudava e se rezava um pouco, e em casa eu trabalhava muito, eu rezava muito, tinha raiva de reza, estudava e brincava um pouco, então, eu queria aquele céu. E, por fim, foi ser o que sou, o professor... e se tivesse que começar tudo de novo, como num *flashback*, não renegaria nada. Foi uma trajetória de idas e vindas, mas estou muito feliz pelo que sou: professor.

■ **Você poderia falar mais sobre a situação dos alunos e como é que se estuda hoje na pós-graduação que, como disse, "o produtivismo é mimese"...**

A mercadoria é uma *mimese* porque uma mesma mercadoria se reproduz, se reproduz e se reproduz. Assim, hoje a produção acadêmica gera pouco conhecimento novo. A tendência é uma repetição da repetição. Muita coisa requentada ou aligeirada. Não se trata de culpar as vítimas, embora, talvez, falte autocrítica e uma reação mais coletiva.

■ **A outra pergunta que faria a você é o que representam os colegas professores, os grupos de pesquisa em sua trajetória intelectual?**

Eu já mencionei isso... A produção intelectual tem a marca do sujeito, mas ela é sempre social. Então, diria que a minha produção tem a marca das relações, especialmente, com os grupos com os quais eu pude interagir, desde os grupos de estudos políticos da Fidene. Ali formávamos grupos, equipes para estudar os problemas brasileiros, questões econômicas, sociais, culturais e políticas etc. O doutorado, a forma do Dermeval Saviani organizar a orientação mais coletiva, embora mantivesse, também, individual, tem uma grande contribuição na minha trajetória intelectual. Também na pesquisa do Programa Eciel. Nós não tínhamos um grupo de pesquisa, mas, sem dúvida nenhuma, foi uma escola do rigor positivista e funcionalista. O contato com o computador, precocemente, definição empírica do nível socioeconômico dos alunos, com 600, mais de 600 indicadores, eu lembro, foi uma grande escola. Eu diria que foi a possibilidade da minha tese de doutorado ter a qualidade que teve. E, depois, o NEDDATE que organizamos, esse foi o momento de muita produção, de entusiasmo, de organização de pesquisa.

E hoje os Projetos Integrados [de Pesquisas], a interface com a ANPEd [Associação Nacional de Pós-Graduação e Pesquisa em Educação] teve um papel importante. Fui um dos fundadores do GT Trabalho e Educação e nunca me afastei. Mas eu diria que atualmente, de uma forma ou de outra, o produtivismo nos tomou um pouco. É a isso que me refiro na conferência de abertura da Reunião Anual de 2010 da ANPEd (FRIGOTTO, 2011). Nós temos que fazer esse inventário. Acho que deveríamos ser mais rebeldes, menos passivos. Em última análise, a tese tem que ser produzida no prazo, porque senão o Programa cai meio ponto; não importa o conhecimento, o texto tem que estar pronto.

■ **Isso tem relação com a ideia de *mimese*?**

Sem dúvida, sem dúvida. Por isso que, hoje, ao lermos as dissertações e teses, vemos que os mestrandos e doutorandos não têm tempo de fazer um recuo de estudos indispensáveis. Ou seja, não há tempo para atender o que Mirian Limoeiro Cardoso sublinha ao destacar que todo o processo do conhecimento científico começa com uma crítica daquele conhecimento que, direta ou indiretamente, se relaciona com objeto que pesquisamos. Isso se efetiva com uma cuidadosa revisão de literatura. Pesquisa exige tempo, muita busca de fontes, documentos. Exige equipe e financiamento. Há um diferencial dos alunos que passam pela iniciação científica, seguem o mestrado e o doutorado vinculados a um grupo de pesquisa. Tenho essa convicção e leitura, quem passa três ou quatro anos por um grupo de pesquisa na sua formação tem um diferencial.

■ **Volto à questão do "produtivismo *mimese*", você poderia explicar melhor qual é a ideia e como que você a desenvolveu?**

Na verdade, essa reflexão se relaciona à conferência proferida por Francisco de Oliveira, na abertura, em 2001, da Reunião Anual ANPEd cujo tema era "intelectuais e a produção do conhecimento" (OLIVEIRA, 2001). Guardei duas ideias centrais dessa conferência. A primeira que há 20 dias havia ocorrido o atentado às Torres Gêmeas em Nova York, ele sublinhou que, embora em todos esses dias o tema estivesse 24 horas on-line, com milhões de informações, o conhecimento era quase nulo. Uma década depois sabemos muito pouco além das análises de Noam Chomsky.

A segunda refere-se à voracidade do capital e a forma mercantil de degradação social que vem tomando todos os campos em áreas até então inimagináveis. Um desses espaços é o da produção do conhecimento, agora medido pelo metro do produtivismo e pelo metro da mercadoria. É nesse ponto que o Chico nos lembra que a mercadoria é *mimese*... reproduz cadeiras, cadeiras, cadeiras. Essa repetição não gera conhecimento, pelo contrário, atrasa o processo histórico de produzir conhecimento potente, conhecimento socialmente relevante. Então, a produção de conhecimento sob a ótica mercantil se explicita pela mesma lógica mimética da mercadoria. Não tem compromisso com a vida, com as pessoas, só possui compromisso com a reprodução das relações mercantis. É esse modelo institucional adotado atualmente pela CAPES na avaliação da pós-graduação. Um modelo centrado na mimese produtivista e mercantil na educação brasileira.

O critério produtivista atinge a escola básica, a avaliação do professor, a avaliação do aluno; não se discute o sentido social e histórico daquilo que se avalia. É uma espécie de processo seletivo de uma sociedade que, cada vez menos, tem recursos para os direitos sociais. Com suas diferenças, isso acontece em todos os campos do conhecimento. Esta é, talvez, a questão que mais me incomoda intelectualmente, essa pouca rebeldia, especialmente, que a área social tem apresentado.

▪ **Como marxista, você mencionou que a questão da contradição está muito presente nos estudos, nas pesquisas. Quais contradições você enfrenta ou enfrentou em sua vida?**

Uma das contradições é exatamente essa, a pressão do produtivismo e a busca de uma produção intelectual que procura ser histórica, crítica e que faça uma leitura de como o real se produz. Outra contradição é da importância que vejo da relação do intelectual com os partidos e os sindicatos, mas isso sempre tem sido uma relação tensa e de convívio contraditório. Isso não decorre somente da dificuldade real desta relação, mas talvez de como essa relação tenha tendido a ser em nossa história. A figura que eu uso, na conferência que fiz na Abertura da Reunião Anual da ANPEd em 2010 de que falei, a retiro de um texto de Karel Kosik sobre a postura da bela alma e do comissário. A tendência da bela alma é de fixar-se plano de uma pureza teórica abstrata e moralista para a qual tudo é reformismo, o que conduz a uma posição imobilista. Já o comissário centra-se nas conquistas de fatias de poder, exercendo uma atitude pragmática, utilitarista e oportunista, capaz de subordinar os interesses da sociedade aos seus.

Há uma tendência em nossa formação histórica de ter uma postura do intelectual de "não me meto com isso porque pode estragar a minha coerência, a *pureza* das ideias". Então, toda vez que você se relaciona com o sindicato, com o partido, com o *movimento* social, isso se dá no plano da realidade, ou seja, o plano que nos coloca na esfera da contradição. Tenho a opção de convívio com essa tensão e aprendo com ela. Mas um engajamento institucional em um partido político é complicado, dado que os partidos têm cada vez menos corpo ideológico. Por exemplo, quando o Partido dos Trabalhadores fez 15 anos, várias pessoas que hoje não pertencem mais ao Partido me pressionaram muito para me filiar a ele. Eu tinha e tenho a convicção de que isso teria me tirado a possibilidade do trabalho que faço com várias correntes, tanto dentro desse partido, quanto dos partidos comunistas. Enfim, eu não sei se isso é uma contradição mais geral, porque agora lembro-me de Lukács, que militou quase toda a vida no partido comunista e no final da vida concluiu que a "trincheira" dele como intelectual era outra e saiu do partido. Florestan Fernandes enfrentou essas contradições dentro de um partido. Sem nenhuma comparação, nem de longe quero me comparar ao Florestan, foi um intelectual que viveu essa contradição até o fim da vida. A vida é contraditória, a gente é avançado em um campo, atrasado em outro. Mas não sei se era isso que você queria com a pergunta.

■ **Eu quero saber o que você pensa.**

A vida não é linear, aprendermos que somos seres históricos e, portanto, contraditórios. Acho que talvez seja isso que Gramsci diz quando fala que sair de uma personalidade bizarra para uma compreensão mais coerente do mundo implica aprender com as contradições e depurá-las. Penso que as contradições ajudam muito, porque senão você cai no normativo, nas verdades lógicas e as contradições não estão na cabeça da gente, no mundo das ideias, mas elas são dadas pelo mundo real, pelas relações sociais, no plano político, no econômico, a própria vida biológica tem contradições – crescer é também envelhecer. Nós gostaríamos de ter a cabeça de hoje com o corpo de adolescente [risos], mas nós chegamos à conclusão que não temos nem a cabeça de adolescente nem o corpo, é uma contradição, e viver com elas, muitas vezes, não é fácil. A vida nas instituições é carregada de contradições.

Elas nos amarram, mas também, como me disse um dia, em uma conversa, num trajeto de engarrafamento, Florestan [Fernandes]: "Moço, eu, quando jovem, era muito contra as instituições, não faça isso! O ser humano não é feito para viver fora das instituições", casamento tem contradições, as escolas tem contradições, o sindicato, enfim, é vida, contradição é a vida.

■ **Seus livros, com quais você se identifica mais ?**

Eu sou um pouco daquela ideia de que cada autor tem um livro, e depois é o que acontece em torno do mesmo. Acho que pra mim é *A produtividade da escola improdutiva,* pelo objeto que ela me deu e que, no fundo, demarca o contraponto de um campo disciplinar (economia da educação) que veio se constituindo no Brasil, pelo campo liberal, do pensamento liberal, do economicismo e daquilo que hoje percebo. Por isso digo que é essa obra, pois não só, naquele momento, eu tinha essa ideia, mas pelo efeito que essa obra teve na minha formação e pelo seu impacto, digamos, do ponto de vista do seu registro. Agora mesmo acabo de escrever um texto para uma coletânea onde trato dos novos fetiches da "teoria" do capital humano.

Fiquei surpreendido quando li o livro *O fim do capitalismo como o conhecemos,* onde o autor, Elmar Altvater, faz uma nota mencionando um grupo de professores da Universidade de Frankfurt, que elegem anualmente uma "não palavra". Isso para destacar noções que deturpam o sentido das coisas e degradam a vida humana. Em 2004, eles elegeram o "capital humano". Eu poderia, se fosse supersticioso, me focar na ideia de "sorte". Acho que a coincidência de ter sido aluno de Cláudio de Moura Castro e depois seu orientando e de, já na época, pensar diametralmente em sentido oposto levou-me a trabalhar esse objeto. Um objeto potente, socialmente necessário de ser trabalhado. E eu tive um grupo que me ajudou nessa construção, que foi o do doutorado, e um orientador que me ajudou extraordinariamente a construir um trabalho que mesmo com suas lacunas e um trabalho datado, se mantém atual. Depois dele escrevi outros textos seguindo o mesmo objeto. O desdobramento da *Produtividade da escola improdutiva,* dez anos depois, é o livro *A educação e a crise do capitalismo real,* que visa mostrar a redefinição do capital humano no contexto da crise do sistema capital e do colapso do socialismo realmente existente. São as duas obras que eu tenho como fundamentais. Depois disso organizei outras obras, muitos capítulos de coletâneas, artigos em revistas Já várias vezes me cobraram outros livros, mas não quero entrar na lógica do produtivismo. Um livro exige tempo para se fazer, seis ou sete anos, um bom livro ou, então, um epílogo de uma pesquisa.

■ **Você é uma pessoa muito conhecida por todo o Brasil, solicitado para muitas conferências, palestras, seminários. O que para você significam as suas atividades, que nós o vemos fazer com muito empenho, com muita dedicação, com muito esforço, para atender bem os convites que lhe chegam?**

Isso também não é por acaso, é engraçado, porque existe uma visão de que as coisas nascem da competência, da genialidade, disso ou daquilo. O fato de eu ter uma atuação bastante intensa começa em razão de que, durante 20 anos, eu andei pelo Brasil coordenando cursos e dando aulas. A isso que me referi anteriormente sobre a coordenação de projetos pelo IESAE/FGV. Uma atuação em todo o país; esse é um ângulo em que você acaba conhecendo grupos, fazendo relações, ganhando experiência, etc.

Segundo, a produção escrita também é um elemento de conhecimento e de solicitação pelos temas que você aborda. Tenho, sem dúvida nenhuma, um permanente vínculo com os professores da educação, especialmente, básica e média, muitas conferências nas secretarias da educação, congressos e etc. O outro retorno é do campo sindical, que não é tão recente, mas eu tenho ido a congressos dos sindicatos, a muitos debates, conferências, entre outras coisas. Também seminários de caráter mais de pesquisa, como na ANPEd, encontros regionais, programas de pós-graduação, aulas inaugurais, etc. Tudo isso tem um aspecto de divulgação de ideias, mas são eventos, e do que fica você nunca tem certeza.

O que me espanta, cada vez mais, hoje nesses encontros é que há uma "estandardização do conhecimento" pelo privatismo. Um exemplo, mas que no interior do país vem se tornado regra, é o da Secretaria Municipal de Educação [do Rio de Janeiro], que contratou o Instituto Ayrton Senna para gerir as escolas e para padronizar as apostilas para todos os alunos e professores. Há um processo de solapamento da função docente. Me espanto quando encontro nos debates professores que, com frequência, perguntam: "o que faço, o que fazer?". Para mim esse é o indicador de que a conferência que eu dou não foi entendida no seu fundamento, porque "O que eu faço?" não tem resposta, pois depende do contexto. A formação básica do professor deveria lhe permitir, no contexto dele, dialogar com a realidade dos sujeitos alunos com quem atua. Não é um julgamento moral que estou fazendo, e, por isso não estou culpando o professor, pois ele é uma vítima disso.

Acervo da Família Frigotto, 2006. IV Conferência Latino-Americana de Ciências Sociais

As conferências, os debates, os fóruns e o fato de eu ter representado o Brasil, durante quatro anos, como membro do CLACSO [Consejo Latino Americano de Ciencias Sociales] também me deram um conhecimento da América Latina e de alguns países europeus. Essas experiências constituem um ganho pessoal, existencial e intelectual. E você conhece mais do que eu a América Latina e vê que nós, brasileiros, conhecemos muito pouco a respeito do pensamento latino-americano. Essa constatação também foi muito importante; você mesma, Maria, sempre trouxe isso ao grupo, teve ligações antes da minha ligação com a América Latina, e essa oportunidade foi importante. Mas as conferências têm outros sentidos, é mais uma extensão, da qual não tenho grande certeza do alcance do que fiz.

■ Você, Gaudêncio, nunca aceitou, até onde eu sei, cargos na administração do estado, nós sempre lhe cobramos em várias oportunidades, reitoria, secretaria, ministério... Por quê?

Essa é uma contradição muito grande que não mencionei numa questão anterior sua. Tenho grande admiração pelas pessoas que têm capacidade e se dispõem a gerir e a organizar nas instituições, nas secretarias de município, nos estados, etc. Eu acho que esse é o grande viés de parte do campo da esquerda, de que quem está no plano da organização ou de gestão faz um trabalho menor. Não... não há mudança sem organização, sem gestão, sem ação concreta. Penso que há dois ou três elementos que me levaram e me levam a resistir a cargos nos aparelhos do Estado. O primeiro é por onde você foi torcendo o "cachimbo". Você pega uma rota e o gosto por aquela rota; eu gosto de dar aula, gosto de pesquisar, gosto de fazer conferências, mas, por exemplo, não gosto muito de ir atrás da lei, de pesquisa sobre leis... e isso é ruim porque a lei é um elemento importante de ser analisado. A lei não é expressão da realidade, mas das forças que a produzem.

Por outro lado, me sinto preso se tenho que estar organizando ou administrando; tive experiência com departamento, muito novo como vice--diretor de faculdade. Quando eu era vice-diretor de faculdade teria, naquele momento, do ponto de vista econômico, uma carreira nesta rota, no plano econômico, de melhor sucesso, talvez, mas cheguei à conclusão que não era a minha "praia" e saí sem salário, com uma pequena poupança, e vim fazer o mestrado de peito aberto no IESAE/FGV. Já tive convites em secretarias de educação, no Ministério [da Educação], já fui indicado pelas instituições científicas de nossa área para compor o Conselho Nacional de Educação, na década de 2010, e declinei as duas vezes.

Nós não temos instituições de Estado. Quando você aceita entrar é no contexto de um governo e, se você não está "ancorado" a uma sigla, uma tendência, você está muito frágil. Nós tivemos vários colegas de extraordinária capacidade que assumiram cargos e fizeram um trabalho exemplar. Ficaram um pouco e tiveram que sair. E eu diria mais uma coisa – e eu coloco com muita ênfase, mas também não é uma acusação. Há em parte da esquerda a visão meio mágica da bela alma, figura que explicitei em questão anterior. O seguinte: se eu assumisse o Conselho Federal Nacional de Educação seria um espaço importante... Todavia eu teria o apoio efetivo de quem, além de alguns colegas mais próximos? A direita é muito mais inteligente nesse sentido, o campo da direita dá uma sustentação mesmo na divergência, uma sustentação aos quadros com infraestrutura e apoio orgânico, não tenho dúvida. Isso me incomoda muito no sentido de que é uma coisa mal-resolvida no nosso campo de esquerda. Daí a instigação da análise de Karel Kosik ao sinalizar que grande parte da esquerda joga a solução dos problemas, o socialismo, sempre para o futuro. Mas o futuro não chegará se não for construído desde já. Ele é construído na contradição. Penso que há uma confusão entre o plano do trabalho intelectual que tem que ser radical, porque na teoria você não negocia – trata-se da disputa de interpretação da realidade. No plano da administração, da gestão, plano da política você trabalha com forças, com relações de forças que são dadas pela história.